D1723426

DIESES BUCH GEHÖRT

GARTENPLANER

ZEICHNE DEIN PERSÖNLICHES GARTEN LAYOUT

GARTENPLANER

ZEICHNE DEIN PERSÖNLICHES GARTEN LAYOUT

PFLANZE   DATUM

BEWÄSSERUNG 💧 💧💧 💧💧💧   SONNENLICHT ☀ ☼ ●

☐ SAMEN   ☐ SETZLING

DATUM	EREIGNIS

NOTIZEN

ERGEBNIS

VERWENDUNG

GEKAUFT BEI: _____   PREIS: _____

PFLANZE	DATUM

BEWÄSSERUNG 💧 💧💧 💧💧💧   SONNENLICHT ☀ ☀ ●

☐ SAMEN   ☐ SETZLING

DATUM	EREIGNIS

NOTIZEN

ERGEBNIS

VERWENDUNG

GEKAUFT BEI: _____   PREIS: _____

PFLANZE   DATUM

BEWÄSSERUNG 💧 💧💧 💧💧💧   SONNENLICHT ☀ ☀ ⚫

☐ SAMEN   ☐ SETZLING

DATUM	EREIGNIS

NOTIZEN

ERGEBNIS

VERWENDUNG

GEKAUFT BEI: _____   PREIS: _____

PFLANZE	DATUM

BEWÄSSERUNG 💧 💧💧 💧💧💧   SONNENLICHT ☀ ☀ ⬤

☐ SAMEN   ☐ SETZLING

DATUM	EREIGNIS

NOTIZEN

ERGEBNIS

VERWENDUNG

GEKAUFT BEI: _____   PREIS: _____

PFLANZE	DATUM

BEWÄSSERUNG ⬤ ⬤⬤ ⬤⬤⬤   SONNENLICHT ☀ ☼ ⬤

☐ SAMEN   ☐ SETZLING

DATUM	EREIGNIS

NOTIZEN

ERGEBNIS

VERWENDUNG

GEKAUFT BEI: _____   PREIS: _____

PFLANZE	DATUM

BEWÄSSERUNG 💧 💧💧 💧💧💧   SONNENLICHT ☀ ☀ ⬤

☐ SAMEN   ☐ SETZLING

DATUM	EREIGNIS

NOTIZEN

ERGEBNIS

VERWENDUNG

GEKAUFT BEI: _____   PREIS: _____

PFLANZE	DATUM

BEWÄSSERUNG ● ●● ●●●   SONNENLICHT ☼ ☀ ●

☐ SAMEN   ☐ SETZLING

DATUM	EREIGNIS

NOTIZEN

ERGEBNIS

VERWENDUNG

GEKAUFT BEI: _____   PREIS: _____

PFLANZE	DATUM

BEWÄSSERUNG 💧 💧💧 💧💧💧   SONNENLICHT ☀ ☀ ●

☐ SAMEN   ☐ SETZLING

DATUM	EREIGNIS

NOTIZEN

ERGEBNIS

VERWENDUNG

GEKAUFT BEI: _____   PREIS: _____

PFLANZE	DATUM

BEWÄSSERUNG 💧 💧💧 💧💧💧   SONNENLICHT ☀ ☀ ⬤

☐ SAMEN   ☐ SETZLING

DATUM	EREIGNIS

NOTIZEN

ERGEBNIS

VERWENDUNG

GEKAUFT BEI: _____   PREIS: _____

PFLANZE	DATUM

BEWÄSSERUNG 💧 💧💧 💧💧💧   SONNENLICHT ☀ ☀ ⬤

☐ SAMEN   ☐ SETZLING

DATUM	EREIGNIS

NOTIZEN

ERGEBNIS

VERWENDUNG

GEKAUFT BEI: _____   PREIS: _____

PFLANZE	DATUM

BEWÄSSERUNG 💧 💧💧 💧💧💧   SONNENLICHT ☀ ☀ ●

☐ SAMEN   ☐ SETZLING

DATUM	EREIGNIS

NOTIZEN

ERGEBNIS

VERWENDUNG

GEKAUFT BEI: _____   PREIS: _____

PFLANZE   DATUM

BEWÄSSERUNG 💧 💧💧 💧💧💧   SONNENLICHT ☼ ☼ ●

☐ SAMEN   ☐ SETZLING

DATUM	EREIGNIS

NOTIZEN

ERGEBNIS

VERWENDUNG

GEKAUFT BEI: _____   PREIS: _____

PFLANZE	DATUM

BEWÄSSERUNG 💧 💧💧 💧💧💧   SONNENLICHT ☀ ☀ ⬤

☐ SAMEN   ☐ SETZLING

DATUM	EREIGNIS

NOTIZEN

ERGEBNIS

VERWENDUNG

GEKAUFT BEI: _____   PREIS: _____

PFLANZE	DATUM

BEWÄSSERUNG 💧 💧💧 💧💧💧   SONNENLICHT ☀ ☀ ●

☐ SAMEN   ☐ SETZLING

DATUM	EREIGNIS

NOTIZEN

ERGEBNIS

VERWENDUNG

GEKAUFT BEI: _____   PREIS: _____

PFLANZE	DATUM

BEWÄSSERUNG 🌢 🌢🌢 🌢🌢🌢   SONNENLICHT ☀ ☀ ●

☐ SAMEN   ☐ SETZLING

DATUM	EREIGNIS

NOTIZEN

ERGEBNIS

VERWENDUNG

GEKAUFT BEI: _____   PREIS: _____

PFLANZE	DATUM

BEWÄSSERUNG 💧 💧💧 💧💧💧   SONNENLICHT ☀ ☀ ●

☐ SAMEN   ☐ SETZLING

DATUM	EREIGNIS

NOTIZEN

ERGEBNIS

VERWENDUNG

GEKAUFT BEI: _____   PREIS: _____

PFLANZE	DATUM

BEWÄSSERUNG 💧 💧💧 💧💧💧   SONNENLICHT ☀ ☀ ●

☐ SAMEN   ☐ SETZLING

DATUM	EREIGNIS

NOTIZEN

ERGEBNIS

VERWENDUNG

GEKAUFT BEI: _____   PREIS: _____

PFLANZE	DATUM

BEWÄSSERUNG 💧 💧💧 💧💧💧   SONNENLICHT ☀ ☀ ●

☐ SAMEN   ☐ SETZLING

DATUM	EREIGNIS

NOTIZEN

ERGEBNIS

VERWENDUNG

GEKAUFT BEI: _____   PREIS: _____

PFLANZE   DATUM

BEWÄSSERUNG ● ●● ●●●   SONNENLICHT ☼ ☼ ●

☐ SAMEN   ☐ SETZLING

DATUM	EREIGNIS

NOTIZEN

ERGEBNIS

VERWENDUNG

GEKAUFT BEI: _____   PREIS: _____

PFLANZE	DATUM

BEWÄSSERUNG 💧 💧💧 💧💧💧   SONNENLICHT ☀ ☀ ●

☐ SAMEN   ☐ SETZLING

DATUM	EREIGNIS

NOTIZEN

ERGEBNIS

VERWENDUNG

GEKAUFT BEI: _____   PREIS: _____

PFLANZE	DATUM

BEWÄSSERUNG 💧 💧💧 💧💧💧   SONNENLICHT ☀ ☀ ●

☐ SAMEN   ☐ SETZLING

DATUM	EREIGNIS

NOTIZEN

ERGEBNIS

VERWENDUNG

GEKAUFT BEI: _____   PREIS: _____

PFLANZE	DATUM

BEWÄSSERUNG 💧 💧💧 💧💧💧   SONNENLICHT ☀ ☀ ●

☐ SAMEN   ☐ SETZLING

DATUM	EREIGNIS

NOTIZEN

ERGEBNIS

VERWENDUNG

GEKAUFT BEI: _____   PREIS: _____

PFLANZE	DATUM

BEWÄSSERUNG 💧 💧💧 💧💧💧   SONNENLICHT ☀ ☀ ●

☐ SAMEN   ☐ SETZLING

DATUM	EREIGNIS

NOTIZEN

ERGEBNIS

VERWENDUNG

GEKAUFT BEI: _____   PREIS: _____

PFLANZE	DATUM

BEWÄSSERUNG 💧 💧💧 💧💧💧   SONNENLICHT ☀ ☀ ⬤

☐ SAMEN   ☐ SETZLING

DATUM	EREIGNIS

NOTIZEN

ERGEBNIS

VERWENDUNG

GEKAUFT BEI: _____   PREIS: _____

PFLANZE	DATUM

BEWÄSSERUNG 💧 💧💧 💧💧💧   SONNENLICHT ☀ ☀ ●

☐ SAMEN   ☐ SETZLING

DATUM	EREIGNIS

NOTIZEN

ERGEBNIS

VERWENDUNG

GEKAUFT BEI: _____   PREIS: _____

PFLANZE	DATUM

BEWÄSSERUNG 💧 💧💧 💧💧💧   SONNENLICHT ☼ ☼ ●

☐ SAMEN   ☐ SETZLING

DATUM	EREIGNIS

NOTIZEN

ERGEBNIS

VERWENDUNG

GEKAUFT BEI: _____   PREIS: _____

PFLANZE   DATUM

BEWÄSSERUNG ● ●● ●●●   SONNENLICHT ☀ ☀ ●

☐ SAMEN   ☐ SETZLING

DATUM	EREIGNIS

NOTIZEN

ERGEBNIS

VERWENDUNG

GEKAUFT BEI: _____   PREIS: _____

PFLANZE	DATUM

BEWÄSSERUNG 💧 💧💧 💧💧💧   SONNENLICHT ☀ ☀ ⬤

☐ SAMEN   ☐ SETZLING

DATUM	EREIGNIS

NOTIZEN

ERGEBNIS

VERWENDUNG

GEKAUFT BEI: _____   PREIS: _____

PFLANZE   DATUM

BEWÄSSERUNG ⬤ ⬤⬤ ⬤⬤⬤   SONNENLICHT ☀ ☀ ⬤

☐ SAMEN   ☐ SETZLING

DATUM	EREIGNIS

NOTIZEN

ERGEBNIS

VERWENDUNG

GEKAUFT BEI: _____   PREIS: _____

PFLANZE	DATUM

BEWÄSSERUNG ● ●● ●●●   SONNENLICHT ☀ ☀ ●

☐ SAMEN   ☐ SETZLING

DATUM	EREIGNIS

NOTIZEN

ERGEBNIS

VERWENDUNG

GEKAUFT BEI: _____   PREIS: _____

PFLANZE   DATUM

BEWÄSSERUNG 💧 💧💧 💧💧💧   SONNENLICHT ☀ ☼ ●

☐ SAMEN   ☐ SETZLING

DATUM	EREIGNIS

NOTIZEN

ERGEBNIS

VERWENDUNG

GEKAUFT BEI: _____   PREIS: _____

PFLANZE	DATUM

BEWÄSSERUNG 💧 💧💧 💧💧💧   **SONNENLICHT** ☀ ☀ ●

☐ SAMEN   ☐ SETZLING

DATUM	EREIGNIS

NOTIZEN

ERGEBNIS

VERWENDUNG

GEKAUFT BEI: _____   PREIS: _____

PFLANZE   DATUM

BEWÄSSERUNG ● ●● ●●●   SONNENLICHT ☀ ◑ ●

☐ SAMEN   ☐ SETZLING

DATUM	EREIGNIS

NOTIZEN

ERGEBNIS

VERWENDUNG

GEKAUFT BEI: _____   PREIS: _____

PFLANZE	DATUM

BEWÄSSERUNG 💧 💧💧 💧💧💧   SONNENLICHT ☀ ☀ ●

☐ SAMEN   ☐ SETZLING

DATUM	EREIGNIS

NOTIZEN

ERGEBNIS

VERWENDUNG

GEKAUFT BEI: _____   PREIS: _____

PFLANZE	DATUM

BEWÄSSERUNG 💧 💧💧 💧💧💧   SONNENLICHT ☀ ☀ ●

☐ SAMEN   ☐ SETZLING

DATUM	EREIGNIS

NOTIZEN

ERGEBNIS

VERWENDUNG

GEKAUFT BEI: _____   PREIS: _____

PFLANZE	DATUM

BEWÄSSERUNG 💧 💧💧 💧💧💧　　SONNENLICHT ☀ 🌤 ●

☐ SAMEN　　☐ SETZLING

DATUM	EREIGNIS

NOTIZEN

ERGEBNIS

VERWENDUNG

GEKAUFT BEI: _____　　PREIS: _____

PFLANZE	DATUM

BEWÄSSERUNG ● ●● ●●●   SONNENLICHT ☼ ☽ ●

☐ SAMEN   ☐ SETZLING

DATUM	EREIGNIS

NOTIZEN

ERGEBNIS

VERWENDUNG

GEKAUFT BEI: _____   PREIS: _____

PFLANZE	DATUM

BEWÄSSERUNG 💧 💧💧 💧💧💧   SONNENLICHT ☀ ☀ ●

☐ SAMEN   ☐ SETZLING

DATUM	EREIGNIS

NOTIZEN

ERGEBNIS

VERWENDUNG

GEKAUFT BEI: _____   PREIS: _____

PFLANZE   DATUM

BEWÄSSERUNG 💧 💧💧 💧💧💧   SONNENLICHT ☀ 🌤 ⚫

☐ SAMEN   ☐ SETZLING

DATUM	EREIGNIS

NOTIZEN

ERGEBNIS

VERWENDUNG

GEKAUFT BEI: _____   PREIS: _____

PFLANZE	DATUM

BEWÄSSERUNG 🌢 🌢🌢 🌢🌢🌢 **SONNENLICHT** ☀ ☀ ●

☐ SAMEN ☐ SETZLING

DATUM	EREIGNIS

NOTIZEN

ERGEBNIS

VERWENDUNG

GEKAUFT BEI: _____ PREIS: _____

PFLANZE	DATUM

BEWÄSSERUNG 💧 💧💧 💧💧💧   SONNENLICHT ☀ ☀ ●

☐ SAMEN   ☐ SETZLING

DATUM	EREIGNIS

NOTIZEN

ERGEBNIS

VERWENDUNG

GEKAUFT BEI: _____   PREIS: _____

PFLANZE	DATUM

BEWÄSSERUNG 💧 💧💧 💧💧💧   SONNENLICHT ☀ ☀ ●

☐ SAMEN   ☐ SETZLING

DATUM	EREIGNIS

NOTIZEN

ERGEBNIS

VERWENDUNG

GEKAUFT BEI: _____   PREIS: _____

PFLANZE

DATUM

BEWÄSSERUNG 💧 💧💧 💧💧💧

SONNENLICHT ☼ ☼ ●

☐ SAMEN ☐ SETZLING

DATUM	EREIGNIS

NOTIZEN

ERGEBNIS

VERWENDUNG

GEKAUFT BEI: _____ PREIS: _____

PFLANZE	DATUM

BEWÄSSERUNG 💧 💧💧 💧💧💧　　SONNENLICHT ☀ � ●

☐ SAMEN　　☐ SETZLING

DATUM	EREIGNIS

NOTIZEN

ERGEBNIS

VERWENDUNG

GEKAUFT BEI: _____　　PREIS: _____

PFLANZE   DATUM

BEWÄSSERUNG ● ●● ●●●   SONNENLICHT ☀ ☀ ●

☐ SAMEN   ☐ SETZLING

DATUM	EREIGNIS

NOTIZEN

ERGEBNIS

VERWENDUNG

GEKAUFT BEI: _____   PREIS: _____

PFLANZE	DATUM

BEWÄSSERUNG 💧 💧💧 💧💧💧   **SONNENLICHT** ☀ ☀ ●

☐ SAMEN   ☐ SETZLING

DATUM	EREIGNIS

NOTIZEN

ERGEBNIS

VERWENDUNG

GEKAUFT BEI: _____   PREIS: _____

PFLANZE   DATUM

BEWÄSSERUNG 💧 💧💧 💧💧💧   SONNENLICHT ☀ ☀ ⬤

☐ SAMEN   ☐ SETZLING

DATUM	EREIGNIS

NOTIZEN

ERGEBNIS

VERWENDUNG

GEKAUFT BEI: _____   PREIS: _____

PFLANZE	DATUM

BEWÄSSERUNG 💧 💧💧 💧💧💧   SONNENLICHT ☀ ☀ ●

☐ SAMEN   ☐ SETZLING

DATUM	EREIGNIS

NOTIZEN

ERGEBNIS

VERWENDUNG

GEKAUFT BEI: _____   PREIS: _____

PFLANZE   DATUM

BEWÄSSERUNG 💧 💧💧 💧💧💧   SONNENLICHT ☀ ☀ ●

☐ SAMEN   ☐ SETZLING

DATUM	EREIGNIS

NOTIZEN

ERGEBNIS

VERWENDUNG

GEKAUFT BEI: _____   PREIS: _____

PFLANZE   DATUM

BEWÄSSERUNG 💧 💧💧 💧💧💧   SONNENLICHT ☀ ☀ ●

☐ SAMEN   ☐ SETZLING

DATUM	EREIGNIS

NOTIZEN

ERGEBNIS

VERWENDUNG

GEKAUFT BEI: _____   PREIS: _____

PFLANZE	DATUM

BEWÄSSERUNG 💧 💧💧 💧💧💧   SONNENLICHT ☀ ☀ ⬤

☐ SAMEN   ☐ SETZLING

DATUM	EREIGNIS

NOTIZEN

ERGEBNIS

VERWENDUNG

GEKAUFT BEI: _____   PREIS: _____

PFLANZE	DATUM

BEWÄSSERUNG 💧 💧💧 💧💧💧   SONNENLICHT ☀ ☀ ●

☐ SAMEN   ☐ SETZLING

DATUM	EREIGNIS

NOTIZEN

ERGEBNIS

VERWENDUNG

GEKAUFT BEI: _____   PREIS: _____

PFLANZE	DATUM

BEWÄSSERUNG ● ●● ●●●   SONNENLICHT ☀ ☀ ●

☐ SAMEN   ☐ SETZLING

DATUM	EREIGNIS

NOTIZEN

ERGEBNIS

VERWENDUNG

GEKAUFT BEI: _____   PREIS: _____

PFLANZE	DATUM

BEWÄSSERUNG 💧 💧💧 💧💧💧   **SONNENLICHT** ☀ ☀ ⬤

☐ SAMEN   ☐ SETZLING

DATUM	EREIGNIS

NOTIZEN

ERGEBNIS

VERWENDUNG

GEKAUFT BEI: _____   PREIS: _____

PFLANZE	DATUM

BEWÄSSERUNG ⬤ ⬤⬤ ⬤⬤⬤   SONNENLICHT ☀ ☼ ⬤

☐ SAMEN   ☐ SETZLING

DATUM	EREIGNIS

NOTIZEN

ERGEBNIS

VERWENDUNG

GEKAUFT BEI: _____   PREIS: _____

PFLANZE   DATUM

BEWÄSSERUNG 💧 💧💧 💧💧💧   SONNENLICHT ☀ ☀ ●

☐ SAMEN   ☐ SETZLING

DATUM	EREIGNIS

NOTIZEN

ERGEBNIS

VERWENDUNG

GEKAUFT BEI: _____   PREIS: _____

PFLANZE	DATUM

BEWÄSSERUNG 💧 💧💧 💧💧💧   SONNENLICHT ☀ ☀ ●

☐ SAMEN   ☐ SETZLING

DATUM	EREIGNIS

NOTIZEN

ERGEBNIS

VERWENDUNG

GEKAUFT BEI: _____   PREIS: _____

PFLANZE   DATUM

BEWÄSSERUNG 💧 💧💧 💧💧💧   SONNENLICHT ☀ 🌤 ⚫

☐ SAMEN   ☐ SETZLING

DATUM	EREIGNIS

NOTIZEN

ERGEBNIS

VERWENDUNG

GEKAUFT BEI: _____   PREIS: _____

PFLANZE	DATUM

BEWÄSSERUNG ● ●● ●●●   SONNENLICHT ☀ ☀ ●

☐ SAMEN   ☐ SETZLING

DATUM	EREIGNIS

NOTIZEN

ERGEBNIS

VERWENDUNG

GEKAUFT BEI: _____   PREIS: _____

PFLANZE	DATUM

BEWÄSSERUNG 💧 💧💧 💧💧💧   SONNENLICHT ☀ ◐ ●

☐ SAMEN   ☐ SETZLING

DATUM	EREIGNIS

NOTIZEN

ERGEBNIS

VERWENDUNG

GEKAUFT BEI: _____   PREIS: _____

PFLANZE	DATUM

BEWÄSSERUNG ⬧ ⬧⬧ ⬧⬧⬧   SONNENLICHT ☀ ☼ ●

☐ SAMEN   ☐ SETZLING

DATUM	EREIGNIS

NOTIZEN

ERGEBNIS

VERWENDUNG

GEKAUFT BEI: _____   PREIS: _____

PFLANZE	DATUM

BEWÄSSERUNG 💧 💧💧 💧💧💧   SONNENLICHT ☼ ☾ ●

☐ SAMEN   ☐ SETZLING

DATUM	EREIGNIS

NOTIZEN

ERGEBNIS

VERWENDUNG

GEKAUFT BEI: _____   PREIS: _____

PFLANZE	DATUM

BEWÄSSERUNG 💧 💧💧 💧💧💧   SONNENLICHT ☀ ☀ ●

☐ SAMEN   ☐ SETZLING

DATUM	EREIGNIS

NOTIZEN

ERGEBNIS

VERWENDUNG

GEKAUFT BEI: _____   PREIS: _____

PFLANZE	DATUM

BEWÄSSERUNG 💧 💧💧 💧💧💧   SONNENLICHT ☀ ☀ ⬤

☐ SAMEN   ☐ SETZLING

DATUM	EREIGNIS

NOTIZEN

ERGEBNIS

VERWENDUNG

GEKAUFT BEI: _____   PREIS: _____

PFLANZE	DATUM

BEWÄSSERUNG ● ●● ●●●   SONNENLICHT ☀ ◑ ●

☐ SAMEN   ☐ SETZLING

DATUM	EREIGNIS

NOTIZEN

ERGEBNIS

VERWENDUNG

GEKAUFT BEI: _____   PREIS: _____

PFLANZE DATUM

BEWÄSSERUNG 💧 💧💧 💧💧💧 SONNENLICHT ☼ ◑ ●

☐ SAMEN ☐ SETZLING

DATUM	EREIGNIS

NOTIZEN

ERGEBNIS

VERWENDUNG

GEKAUFT BEI: ____________________ PREIS: __________

PFLANZE   DATUM

BEWÄSSERUNG ● ●● ●●●   SONNENLICHT ☀ ☀ ●

☐ SAMEN   ☐ SETZLING

DATUM	EREIGNIS

NOTIZEN

ERGEBNIS

VERWENDUNG

GEKAUFT BEI: _____   PREIS: _____

PFLANZE	DATUM

BEWÄSSERUNG ● ●● ●●●   SONNENLICHT ☼ ☼ ●

☐ SAMEN   ☐ SETZLING

DATUM	EREIGNIS

NOTIZEN

ERGEBNIS

VERWENDUNG

GEKAUFT BEI: _____   PREIS: _____

PFLANZE	DATUM

BEWÄSSERUNG 💧 💧💧 💧💧💧   SONNENLICHT ☀ 🌤 ⬤

☐ SAMEN   ☐ SETZLING

DATUM	EREIGNIS

NOTIZEN

ERGEBNIS

VERWENDUNG

GEKAUFT BEI: _____   PREIS: _____

PFLANZE	DATUM

BEWÄSSERUNG 💧 💧💧 💧💧💧   SONNENLICHT ☀ ☀ ●

☐ SAMEN   ☐ SETZLING

DATUM	EREIGNIS

NOTIZEN

ERGEBNIS

VERWENDUNG

GEKAUFT BEI: _____   PREIS: _____

PFLANZE   DATUM

BEWÄSSERUNG ● ●● ●●●   SONNENLICHT ☼ ☼ ●

☐ SAMEN   ☐ SETZLING

DATUM	EREIGNIS

NOTIZEN

ERGEBNIS

VERWENDUNG

GEKAUFT BEI: _____   PREIS: _____

PFLANZE	DATUM

BEWÄSSERUNG 💧 💧💧 💧💧💧   SONNENLICHT ☼ ☼ ⬤

☐ SAMEN   ☐ SETZLING

DATUM	EREIGNIS

NOTIZEN

ERGEBNIS

VERWENDUNG

GEKAUFT BEI: _____   PREIS: _____

PFLANZE	DATUM

BEWÄSSERUNG ● ●● ●●●   SONNENLICHT ☀ ☀ ●

☐ SAMEN   ☐ SETZLING

DATUM	EREIGNIS

NOTIZEN

ERGEBNIS

VERWENDUNG

GEKAUFT BEI: _____   PREIS: _____

PFLANZE	DATUM

BEWÄSSERUNG 💧 💧💧 💧💧💧   SONNENLICHT ☀ ☀ ●

☐ SAMEN   ☐ SETZLING

DATUM	EREIGNIS

NOTIZEN

ERGEBNIS

VERWENDUNG

GEKAUFT BEI: _____   PREIS: _____

PFLANZE	DATUM

BEWÄSSERUNG 💧 💧💧 💧💧💧   SONNENLICHT ☼ ☼ ●

☐ SAMEN   ☐ SETZLING

DATUM	EREIGNIS

NOTIZEN

ERGEBNIS

VERWENDUNG

GEKAUFT BEI: _____   PREIS: _____

PFLANZE   DATUM

BEWÄSSERUNG ● ●● ●●●   SONNENLICHT ☀ ☀ ●

☐ SAMEN   ☐ SETZLING

DATUM	EREIGNIS

NOTIZEN

ERGEBNIS

VERWENDUNG

GEKAUFT BEI: _____   PREIS: _____

PFLANZE	DATUM

BEWÄSSERUNG 💧 💧💧 💧💧💧   SONNENLICHT ☀ 🌤 ⬤

☐ SAMEN   ☐ SETZLING

DATUM	EREIGNIS

NOTIZEN

ERGEBNIS

VERWENDUNG

GEKAUFT BEI: _____   PREIS: _____

PFLANZE	DATUM

BEWÄSSERUNG 💧 💧💧 💧💧💧   SONNENLICHT ☀ ☀ ⬤

☐ SAMEN   ☐ SETZLING

DATUM	EREIGNIS

NOTIZEN

ERGEBNIS

VERWENDUNG

GEKAUFT BEI: _____   PREIS: _____

PFLANZE	DATUM

BEWÄSSERUNG 💧 💧💧 💧💧💧   SONNENLICHT ☀ 🌤 ●

☐ SAMEN   ☐ SETZLING

DATUM	EREIGNIS

NOTIZEN

ERGEBNIS

VERWENDUNG

GEKAUFT BEI: _____   PREIS: _____

PFLANZE	DATUM

BEWÄSSERUNG 💧 💧💧 💧💧💧   SONNENLICHT ☀ ☀ ⬤

☐ SAMEN   ☐ SETZLING

DATUM	EREIGNIS

NOTIZEN

ERGEBNIS

VERWENDUNG

GEKAUFT BEI: _____   PREIS: _____

PFLANZE	DATUM

BEWÄSSERUNG ⬤ ⬤⬤ ⬤⬤⬤   SONNENLICHT ☀ ☀ ⬤

☐ SAMEN   ☐ SETZLING

DATUM	EREIGNIS

NOTIZEN

ERGEBNIS

VERWENDUNG

GEKAUFT BEI: _____   PREIS: _____

PFLANZE	DATUM

BEWÄSSERUNG 🌢 🌢🌢 🌢🌢🌢   SONNENLICHT ☀ 🌤 ●

☐ SAMEN   ☐ SETZLING

DATUM	EREIGNIS

NOTIZEN

ERGEBNIS

VERWENDUNG

GEKAUFT BEI: _____   PREIS: _____

PFLANZE	DATUM

BEWÄSSERUNG ● ●● ●●●　　　SONNENLICHT ☀ ◐ ●

☐ SAMEN　　☐ SETZLING

DATUM	EREIGNIS

NOTIZEN

ERGEBNIS

VERWENDUNG

GEKAUFT BEI: _____　　PREIS: _____

PFLANZE	DATUM

BEWÄSSERUNG ● ●● ●●●   SONNENLICHT ☼ ☼ ●

☐ SAMEN   ☐ SETZLING

DATUM	EREIGNIS

NOTIZEN

ERGEBNIS

VERWENDUNG

GEKAUFT BEI: _____   PREIS: _____

PFLANZE	DATUM

BEWÄSSERUNG 💧 💧💧 💧💧💧   SONNENLICHT ☀ ☀ ●

☐ SAMEN   ☐ SETZLING

DATUM	EREIGNIS

NOTIZEN

ERGEBNIS

VERWENDUNG

GEKAUFT BEI: _____   PREIS: _____

PFLANZE	DATUM

BEWÄSSERUNG ● ●● ●●●   SONNENLICHT ☼ ☼ ●

☐ SAMEN   ☐ SETZLING

DATUM	EREIGNIS

NOTIZEN

ERGEBNIS

VERWENDUNG

GEKAUFT BEI: _____   PREIS: _____

PFLANZE	DATUM

BEWÄSSERUNG 💧 💧💧 💧💧💧   SONNENLICHT ☀ 🌤 ●

☐ SAMEN   ☐ SETZLING

DATUM	EREIGNIS

NOTIZEN

ERGEBNIS

VERWENDUNG

GEKAUFT BEI: _____   PREIS: _____

PFLANZE	DATUM

BEWÄSSERUNG 💧 💧💧 💧💧💧   SONNENLICHT ☀ ☀ ●

☐ SAMEN   ☐ SETZLING

DATUM	EREIGNIS

NOTIZEN

ERGEBNIS

VERWENDUNG

GEKAUFT BEI: _____   PREIS: _____

PFLANZE	DATUM

BEWÄSSERUNG 💧 💧💧 💧💧💧   SONNENLICHT ☀️ 🌤️ ⚫

☐ SAMEN   ☐ SETZLING

DATUM	EREIGNIS

NOTIZEN

ERGEBNIS

VERWENDUNG

GEKAUFT BEI: _____   PREIS: _____

PFLANZE	DATUM

BEWÄSSERUNG 💧 💧💧 💧💧💧   SONNENLICHT ☀ ◐ ●

☐ SAMEN   ☐ SETZLING

DATUM	EREIGNIS

NOTIZEN

ERGEBNIS

VERWENDUNG

GEKAUFT BEI: _____   PREIS: _____

PFLANZE	DATUM

BEWÄSSERUNG 💧 💧💧 💧💧💧   SONNENLICHT ☀ ☀ ●

☐ SAMEN   ☐ SETZLING

DATUM	EREIGNIS

NOTIZEN

ERGEBNIS

VERWENDUNG

GEKAUFT BEI: _____   PREIS: _____

PFLANZE	DATUM

BEWÄSSERUNG ● ●● ●●●   SONNENLICHT ☀ ☀ ●

☐ SAMEN   ☐ SETZLING

DATUM	EREIGNIS

NOTIZEN

ERGEBNIS

VERWENDUNG

GEKAUFT BEI: _____   PREIS: _____

PFLANZE	DATUM

BEWÄSSERUNG 💧 💧💧 💧💧💧   SONNENLICHT ☀ ◐ ●

☐ SAMEN   ☐ SETZLING

DATUM	EREIGNIS

NOTIZEN

ERGEBNIS

VERWENDUNG

GEKAUFT BEI: _____   PREIS: _____

PFLANZE	DATUM

BEWÄSSERUNG 💧 💧💧 💧💧💧   SONNENLICHT ☼ ☼ ●

☐ SAMEN   ☐ SETZLING

DATUM	EREIGNIS

NOTIZEN

ERGEBNIS

VERWENDUNG

GEKAUFT BEI: _____   PREIS: _____

PFLANZE	DATUM

BEWÄSSERUNG 💧 💧💧 💧💧💧 SONNENLICHT ☀ ☀ ●

☐ SAMEN   ☐ SETZLING

DATUM	EREIGNIS

NOTIZEN

ERGEBNIS

VERWENDUNG

GEKAUFT BEI: _____   PREIS: _____

PFLANZE	DATUM

BEWÄSSERUNG ● ●● ●●●   SONNENLICHT ☼ ☽ ●

☐ SAMEN   ☐ SETZLING

DATUM	EREIGNIS

NOTIZEN

ERGEBNIS

VERWENDUNG

GEKAUFT BEI: _____   PREIS: _____

PFLANZE	DATUM

BEWÄSSERUNG 💧 💧💧 💧💧💧   SONNENLICHT ☀ ☀ ●

☐ SAMEN   ☐ SETZLING

DATUM	EREIGNIS

NOTIZEN

ERGEBNIS

VERWENDUNG

GEKAUFT BEI: _____   PREIS: _____

PFLANZE

DATUM

BEWÄSSERUNG 💧 💧💧 💧💧💧

SONNENLICHT ☼ ☼ ●

☐ SAMEN ☐ SETZLING

DATUM	EREIGNIS

NOTIZEN

ERGEBNIS

VERWENDUNG

GEKAUFT BEI: _____ PREIS: _____

PFLANZE	DATUM

BEWÄSSERUNG ● ●● ●●●   SONNENLICHT ☀ ☀ ●

☐ SAMEN   ☐ SETZLING

DATUM	EREIGNIS

NOTIZEN

ERGEBNIS

VERWENDUNG

GEKAUFT BEI: _____   PREIS: _____

PFLANZE	DATUM

BEWÄSSERUNG ⬤ ⬤⬤ ⬤⬤⬤　　SONNENLICHT ☀ ☀ ⬤

☐ SAMEN　　☐ SETZLING

DATUM	EREIGNIS

NOTIZEN

ERGEBNIS

VERWENDUNG

GEKAUFT BEI: _____　PREIS: _____

PFLANZE	DATUM

BEWÄSSERUNG ⬤ ⬤⬤ ⬤⬤⬤   SONNENLICHT ☀ ☀ ⬤

☐ SAMEN   ☐ SETZLING

DATUM	EREIGNIS

NOTIZEN

ERGEBNIS

VERWENDUNG

GEKAUFT BEI: _____   PREIS: _____

PFLANZE   DATUM

BEWÄSSERUNG 💧 💧💧 💧💧💧   SONNENLICHT ☀ 🌤 ●

☐ SAMEN   ☐ SETZLING

DATUM	EREIGNIS

NOTIZEN

ERGEBNIS

VERWENDUNG

GEKAUFT BEI: _____   PREIS: _____

PFLANZE	DATUM

BEWÄSSERUNG 💧 💧💧 💧💧💧   SONNENLICHT ☀ ◐ ●

☐ SAMEN   ☐ SETZLING

DATUM	EREIGNIS

NOTIZEN

ERGEBNIS

VERWENDUNG

GEKAUFT BEI: _____   PREIS: _____

PFLANZE	DATUM

BEWÄSSERUNG 💧 💧💧 💧💧💧　　SONNENLICHT ☀ ☀ ●

☐ SAMEN　　☐ SETZLING

DATUM	EREIGNIS

NOTIZEN

ERGEBNIS

VERWENDUNG

GEKAUFT BEI: _____　　PREIS: _____

PFLANZE	DATUM

BEWÄSSERUNG 💧 💧💧 💧💧💧   SONNENLICHT ☀ ☀ ●

☐ SAMEN   ☐ SETZLING

DATUM	EREIGNIS

NOTIZEN

ERGEBNIS

VERWENDUNG

GEKAUFT BEI: _____   PREIS: _____

PFLANZE	DATUM

BEWÄSSERUNG 💧 💧💧 💧💧💧 SONNENLICHT ☀ ◐ ●

☐ SAMEN ☐ SETZLING

DATUM	EREIGNIS

NOTIZEN

ERGEBNIS

VERWENDUNG

GEKAUFT BEI: ____________________ PREIS: __________

PFLANZE	DATUM

BEWÄSSERUNG 💧 💧💧 💧💧💧   SONNENLICHT ☀ ☀ ●

☐ SAMEN   ☐ SETZLING

DATUM	EREIGNIS

NOTIZEN

ERGEBNIS

VERWENDUNG

GEKAUFT BEI: _____   PREIS: _____

PFLANZE	DATUM

BEWÄSSERUNG 💧 💧💧 💧💧💧   SONNENLICHT ☀ ☀ ⬤

☐ SAMEN   ☐ SETZLING

DATUM	EREIGNIS

NOTIZEN

ERGEBNIS

VERWENDUNG

GEKAUFT BEI: _____   PREIS: _____

PFLANZE	DATUM

BEWÄSSERUNG ● ●● ●●●   SONNENLICHT ☀ ☀ ●

☐ SAMEN   ☐ SETZLING

DATUM	EREIGNIS

NOTIZEN

ERGEBNIS

VERWENDUNG

GEKAUFT BEI: _____   PREIS: _____

PFLANZE	DATUM

BEWÄSSERUNG ● ●● ●●●   SONNENLICHT ☀ ☀ ●

☐ SAMEN   ☐ SETZLING

DATUM	EREIGNIS

NOTIZEN

ERGEBNIS

VERWENDUNG

GEKAUFT BEI: _____   PREIS: _____

PFLANZE	DATUM

BEWÄSSERUNG 💧 💧💧 💧💧💧   SONNENLICHT ☀ ☀ ⬤

☐ SAMEN   ☐ SETZLING

DATUM	EREIGNIS

NOTIZEN

ERGEBNIS

VERWENDUNG

GEKAUFT BEI: _____   PREIS: _____

PFLANZE	DATUM

BEWÄSSERUNG 💧 💧💧 💧💧💧   SONNENLICHT ☼ ☼ ●

☐ SAMEN   ☐ SETZLING

DATUM	EREIGNIS

NOTIZEN

ERGEBNIS

VERWENDUNG

GEKAUFT BEI: _____   PREIS: _____

PFLANZE	DATUM

BEWÄSSERUNG 💧 💧💧 💧💧💧   SONNENLICHT ☀ ☀ ●

☐ SAMEN   ☐ SETZLING

DATUM	EREIGNIS

NOTIZEN

ERGEBNIS

VERWENDUNG

GEKAUFT BEI: _____   PREIS: _____

PFLANZE	DATUM

BEWÄSSERUNG ● ●● ●●●   SONNENLICHT ☼ ☼ ●

☐ SAMEN   ☐ SETZLING

DATUM	EREIGNIS

NOTIZEN

ERGEBNIS

VERWENDUNG

GEKAUFT BEI: _____   PREIS: _____

IMPRESSUM

TOBIAS MÜLLER-EDELMANN
KEPLERSTRASSE 7
30165 HANNOVER

Printed in Poland
by Amazon Fulfillment
Poland Sp. z o.o., Wrocław

24853431R00070